AF337710

POUR ET CONTRE,

OU

ENTRETIENS D'UN FRANÇAIS

ET D'UN CHINOIS,

SUR

LA POLITIQUE, LA RELIGION ET LA LITTÉRATURE.

POUR ET CONTRE,

OU

ENTRETIENS D'UN FRANÇAIS

ET D'UN CHINOIS,

SUR

LA POLITIQUE, LA RELIGION ET LA LITTÉRATURE.

PARIS,

L. DUREUIL, PLACE DE LA BOURSE.

1829.

Ce petit ouvrage plaira peut-être à bien peu de lecteurs, si tant est qu'il en ait. Le rédacteur n'a point l'esprit de telle ou telle cotterie ; il n'est ni abonné du *Constitutionnel* ni de la *Gazette*. Il a écrit les observations d'hommes qui parlent selon leur conscience, et qui, peu à la hauteur des brochures du siècle, se bornent à être de bons citoyens et pensent librement.

Pour et Contre,

ou

ENTRETIENS D'UN FRANÇAIS

ET D'UN CHINOIS,

sur

LA POLITIQUE, LA RELIGION ET LA LITTÉRATURE.

———◦———

ENTRETIEN I.

Siècle de Louis XIV. — Philosophie. — Tolérance.

LE FRANÇAIS.

Vous avez donc franchi l'immensité des mers, vous avez quitté cet empire antique et célèbre, illustré par la morale de Confucius, et la sagesse de ses monarques. Vous avez voulu voir d'autres peuples, d'autres villes, d'autres mœurs.

LE CHINOIS.

Je n'ai point borné mes études à celles du commun des lettrés. Bien que notre supériorité sur tous les peuples de la terre soit incontestable, je n'ai pas cru que la civilisation s'arrêtât à notre grande muraille. J'ai voulu connaître par mes yeux cette Europe que je ne connaissais que par les livres et les voyageurs.

C'était surtout votre pays que je brûlais de voir. Oui, ma jeunesse a été occupée par l'étude de votre histoire, de vos mœurs, de vos arts. Avec quel plaisir je vous considérais sortant par degrés des ténèbres de la barbarie, avançant à grands pas, quoique à pas mesurés, dans la civilisation, et enfin votre empire devenant le foyer général des lumières; vos rois, presque tous distingués par des qualités brillantes, aimant leurs peuples et aimés d'eux! Mes regards s'arrêtaient avec plus de complaisance encore sur vos deux derniers siècles. Dans l'un, je voyais un monarque puissant, grand dans ses victoires, grand dans ses défaites, grand au milieu de sa cour. Je le considérais hâtant la marche de son siècle, animant la lyre des poètes et le pinceau des artistes, appelant chez lui et y fixant l'industrie, le commerce, tous les arts utiles et agréables; brillant par lui-même et par les grands hommes qui l'entouraient. Ses dernières années, il est vrai, me paraissaient ternir une si noble vie, et j'aurais voulu arracher bien des pages de son histoire. Mais je passais à cette autre époque, rivale de la sienne, où les arts brillaient d'un moindre éclat sans doute, mais où la raison et la philosophie se répandaient....

LE FRANÇAIS.

Vous parlez de la philosophie du dix-huitième siècle. Ignorez-vous qu'elle a fait bien du mal?

LE CHINOIS.

Ecoutez, je ne prends pas sur moi la responsabilité

de vos philosophes. Je ne prétends pas que tel ou tel de leurs livres ne fût mauvais en lui-même. Mais je ne puis trop comprendre comment leurs livres ont fait beaucoup de mal.

LE FRANÇAIS.

Eh bien! monsieur, il est pourtant vrai que les livres de quelques-uns d'entre eux ont eu ce résultat. Ils ont inspiré la haine de la royauté, le mépris de la religion, les deux colonnes de tout édifice social. L'un d'eux ne disait-il pas qu'il voudrait étrangler le dernier des prêtres avec les boyaux du dernier des rois? Je ne veux pourtant pas dire que cette maxime fut celle de tous les philosophes.

LE CHINOIS.

Je vous le répète encore, je ne prétends pas les laver de tout reproche. Je m'éleverai contre ceux qui voudraient dégager l'homme des liens qui l'attachent aux puissances et aux idées religieuses. L'athéisme est destructeur des sociétés, puisqu'il isole l'homme de l'homme; le fanatisme ne l'est pas moins, puisqu'il arme l'homme contre l'homme. Entre ces deux extrémités, que la raison nous apprenne le juste milieu. L'indifférence pour la religion est coupable; l'indifférence pour tel ou tel culte en particulier est salutaire, est raisonnable. Puisque toutes les religions ont une bonne morale, pourquoi proscrirait-on une de ces religions? De même le pouvoir réglé est indispensable; on lui doit obéissance, puisqu'il n'oblige les hommes que pour leur bien. En est-il de même d'un pouvoir sans règles et sans limites, qui foule la nation qu'il devrait protéger? Je laisse la question à décider à ceux qui ont à s'en plaindre.

LE FRANÇAIS.

Vous dites qu'il est indifférent de professer un culte ou un autre. Cela est vrai légalement. La loi ne doit pas être théologienne. Elle ne peut prononcer sur la vérité ou la fausseté d'une religion; s'il en était autrement, le culte dominant aujourd'hui ne le serait pas demain. Un gouvernement catholique établirait le catholicisme. Un gouvernement protestant voudrait également faire triompher sa religion. Ainsi, que chacun professe la sienne, rien de plus juste ; mais il n'est pas indifférent pour un homme de suivre une religion ou une autre, pas plus qu'il ne lui est indifférent d'être dans l'erreur ou la vérité, d'adorer un bœuf ou le vrai Dieu.

LE CHINOIS.

Sans doute. Ce que doivent faire ceux qui assurent que leur religion est la seule bonne, c'est de le persuader par de bonnes raisons, par la douceur de leurs manières, la sainteté de leur vie. Mais jamais de persécution ; le sabre ne persuade pas, il ne fait que tuer.

ENTRETIEN II.

Religion.—Bonzes.—Prêtres.—Christianisme.—Jésuites.

LE CHINOIS.

Je suis entré ce matin dans une de vos pagodes.

J'y ai observé les cérémonies de votre religion. Il faut avouer que leur longueur et leur multiplicité doivent bien ennuyer votre Dieu. Elles sont bien plus simples chez nous. S'il fait trop sec et que les récoltes demandent de la pluie, on se rend au temple. On brûle des parfums sous le nez de l'idole, puis on cause, on boit du thé. La pluie tarde-t-elle un peu trop à arriver? la divinité est sommée de se rendre incontinent à nos vœux. Si elle n'obéit pas, on la brise en pièces.

LE FRANÇAIS.

Rien de plus juste! Voilà en effet des dieux bien mal appris, que de ne pas vous obéir!

LE CHINOIS.

Vous pensez bien que ceci n'est que pour le peuple. Les habiles n'en sont pas les dupes. Les lettrés adorent un seul Dieu, le *Tien*, le Dieu du ciel. Confucius nous a révélé sa morale pure et sublime. Voilà la religion raisonnable. Mais le peuple ne peut s'accommoder de cette simplicité. Il adore Fô (1), né d'une femme qui rêva qu'elle avalait un éléphant. Les prêtres de ce Dieu, les bonzes, couvrent notre patrie. Ils sont environ au nombre d'un million. C'est la plus méprisable canaille qui infecte l'empire. Elle vit entièrement aux dépens de la crédulité publique. Amasser de l'argent est son but, tromper est son moyen. Elle promet, menace, effraie suivant qu'on lui

____

(1) Le culte de Fô a été transporté à la Chine 32 ans après la mort de J.-C. Il est originaire de l'Inde. (P. Duhalde, t. 3.)

donne ou non. Abusant de la doctrine de la métemp-sychose, introduite à la Chine avec le culte de Fô, les bonzes menacent un pauvre paysan, s'il n'est libéral envers eux, de faire entrer son âme dans le corps d'un cheval ou d'un mulet. N'ont-ils rien pour dîner et voient-ils des canards qui aient bonne mine? ils s'appitoient, ils pleurent sur le sort de ces pauvres canards qui renferment les âmes de leurs pères, craignant qu'on ne les mette à la broche. Touché de leur douleur, on les leur donne afin qu'ils exercent envers eux leur pitié filiale. Rentrés chez eux, ils leur tordent le cou et les mangent. Un autre de ces prêtres se fait porter, les pieds appuyés sur une chaise garnie d'une quantité innombrable de clous qui le meurtrissent, protestant aux bonnes gens qu'il souffre tout cela pour l'expiation de leurs péchés. Aussitôt, chacun d'acheter de ces clous pour alléger le tourment du digne bonze. Enfin, tout ce que la cupidité, jointe à la plus basse hypocrisie, peut inventer, est par eux mis en pratique. Tels sont les abus qu'amènent après elles les religions qui s'élèvent sur les ruines de la raison renversée. Il doit en être de même parmi vous autres chrétiens, et vos prêtres ne doivent pas le céder aux nôtres en fourberie (1).

____

(1) Tout chrétien et tout homme de bon sens voit clairement combien serait faux le parallèle que le Chinois prétendrait établir entre la religion de Fô et la religion de Jésus-Christ, entre les bonzes et les prêtres. Les premiers sont les serviteurs des idoles, les seconds du vrai Dieu. Il y a donc entre eux la différence qu'il y a entre l'erreur et la vérité. Si les bonzes sont réelle-

LE FRANÇAIS.

Ce n'est nullement la même chose. Mais de quel œil votre gouvernement voit-il l'idole et ses sectateurs?

LE CHINOIS.

Un gouvernement ne peut favoriser l'erreur qu'autant qu'elle lui est utile, qu'elle lui est un moyen politique pour tenir les peuples dans l'obéissance et le devoir. La religion du *Tien* prescrit la plus profonde obéissance pour l'empereur, qui est le représentant de Dieu, et pour les mandarins, qui représentent l'empereur. Elle prescrit aussi à l'empereur et à ses officiers l'amour pour les peuples et la tâche de travailler à leur bonheur. Voilà d'où dérivent les liens qui unissent les gouvernans et les gouvernés. Le culte de Fô n'est donc qu'une absurde superstition qui déshonore la raison. Aussi le condamne-t-on tous les ans à Pékin avec les autres idolâtries. Mais cette condamnation n'est qu'une pure formalité, et on ne détruit pas pour cela les pagodes, on ne persécute ni les bonzes ni leurs dupes. L'empereur ne croit ni raisonnable ni juste de tourmenter la conscience de celui qui ne trouble point la tranquillité publique.

---

ment tels que les dépeint leur compatriote, notre clergé est tout le contraire. S'il reçoit des riches, c'est pour donner aux pauvres; s'il prêche des dogmes sévères, c'est pour engager à bien faire; s'il offre ses prières pour ceux qui le défendent, ils les offre aussi pour ceux qui l'attaquent. Il faut convenir que le clergé chinois ne lui ressemble pas plus que Fô ne ressemble à Jésus-Christ.

LE FRANÇAIS.

Cette tolérance s'est pourtant bien démentie à l'égard des chrétiens; car j'ai lu qu'en 1805 on a déployé la plus grande rigueur contre vos compatriotes qui avaient embrassé le christianisme, surtout contre les grands de l'empire. On les a soumis à des tortures jusqu'alors inconnues à la Chine; on a détruit tous les livres qui traitaient de la religion chrétienne.

LE CHINOIS.

Cela est vrai, mais sur qui doit retomber la honte de cette persécution? sur les ministres de votre religion (1). Ils sont venus nous annoncer qu'elle était la seule vraie, et ils ne conviennent pas entre eux de ce qu'il faut croire : or, la vérité est une. Ils font, disent-ils, profession de pauvreté, ils méprisent, ils haïssent les biens de ce monde, et ils montrent la plus basse cupidité, et les débats les plus scandaleux et les plus animés s'élèvent entre eux au sujet des terres que l'empereur leur donne. Ils montrent la soif de commander, l'envie de tout réformer, tout régler. Ils prétendent que je ne sais quel prêtre d'Europe doit exercer son autorité sur notre empereur. Or, l'empereur est le plus puissant monarque du monde; il est l'arbitre des lois et de la religion; il est le souverain pontife; tous les ans, c'est lui qui offre au *Tien* les vœux

---

(1) Ce sont des démêlés entre les jésuites de différentes nations, qui résidaient à Pékin, qui ont produit une des plus horribles persécutions dont l'histoire ait parlé. (Voy. le *Voyage de Timkowski à Pékin*.)

de son peuple ; aucune autorité rivale ne peut s'élever à côté de la sienne.

Joung-Ching chassa les jésuites : « Vos disciples,
leur dit-il, ne connaissent que vous, n'écoutent que
vos paroles. Dans un moment de trouble, ils pren-
draient parti pour vous contre moi. Conséquemment,
je vous prie fort honnêtement de quitter mes états.
J'en suis bien fâché, car, je dois l'avouer, vous
m'êtes utiles pour dresser le calendrier ; mais que
voulez-vous ? la paix et l'ordre avant tout. »

On dit que vous en avez fait de même avec eux ?

LE FRANÇAIS.

Nous n'en voulions plus. Nous les avions priés de
ne plus élever nos enfans. Ils étaient partis du
royaume, mais jésuitiquement, c'est-à-dire qu'ils y
étaient restés.

LE CHINOIS.

Je ne comprends pas. Expliquez-moi cette plaisanterie.

LE FRANÇAIS.

Ce n'est point une plaisanterie. Pour m'entendre,
il faut savoir que, suivant des écrivains jésuites, un
oui vaut un non, un non vaut un oui, au moyen des
restrictions mentales. C'est ainsi que, bien que vous
eussiez fait une action, vous pourriez en toute sûreté
de conscience jurer que vous ne l'avez point faite, en
sous-entendant en vous-même : à une telle époque,
ou bien avant que vous fussiez né. Vous voyez que
cela ne laisse pas que d'être commode.

LE CHINOIS.

Oui, sûrement. Mais Confucius n'enseigna jamais une pareille morale.

LE FRANÇAIS.

Ils étaient donc restés, mais ils n'osaient avoir des élèves qu'en cachette, au lieu que maintenant ils vont en recruter ouvertement.

LE CHINOIS.

Et que pensez-vous de tout cela ?

LE FRANÇAIS.

Il serait certainement de la plus mauvaise foi du monde de contester les lumières et les vertus de la plupart d'entre eux. Quant à l'éducation qu'ils donnaient, c'est autre chose ; il est impossible de penser qu'elle fût meilleure que celle des autres colléges. On a beaucoup parlé des principes de religion qu'ils inspiraient à leurs élèves ; mais c'était la religion des moines. Ils rapetissaient l'esprit en l'assujettissant à une foule de règles minutieuses, de prières. Au lieu d'inspirer de Dieu une idée grande, féconde en résultats, d'enseigner que la seule manière de lui plaire, digne de lui, est de faire à ses semblables tout le bien possible, on vous affublait de chapelets, de scapulaires où l'on faisait consister les devoirs de l'honnête homme.

Parlerai-je des études ? elles étaient en arrière de deux siècles. Que penser d'un professeur de rhétorique qui donne pour sujet de composition à ses élèves un parallèle entre Alexandre-le-Grand et François Xavier, entre César et Ignace de Loyola ? d'un professeur de philosophie qui faisait soutenir une thèse sur cette question : Lequel de ces quatre fléaux, la guerre, la peste, la famine et la philosophie, a fait le plus de mal aux hommes ? On se décidait avec grande raison pour la philosophie, car il est évident que Socrate, Confucius, Locke, Montesquieu ont corrompu le genre humain.

Je n'épuiserai pas ce qu'on peut dire pour ou contre les jésuites. Mais ce qu'il y a de certain, c'est qu'ils sont ennemis du gouvernement représentatif. En voici la raison : leur société est gouvernée par un général qui est un petit monarque très-absolu, très-despotique. Ils lui doivent une obéissance aveugle, illimitée. Or, cette unité de volonté d'un côté, cette sujétion de l'autre, maintiennent chez eux un ordre admirable : voilà ce qui fait qu'ils ont tant loué votre gouvernement, comme l'observe Montesquieu ; l'autorité de l'empereur de la Chine ressemble si fort à celle du général des jésuites ! La monarchie représentative ne doit leur paraître et ne leur paraît qu'une machine trop compliquée, accompagnée de rouages qui gênent et entravent sa marche.

L'esprit de secte, de corps, est toujours dangereux ; il occupe l'âme et la ferme à la vérité.

Malgré tout, je pense que l'institut des jésuites, avec des modifications, s'il en est susceptible, pourrait être utile à l'état, et qu'il pourrait former des hommes éclairés, religieux, amis de leur roi et de leur pays.

LE CHINOIS.

C'est-à-dire que vous les croiriez utiles quand ils ne seraient plus jésuites.

ENTRETIEN III.

La Noblesse (1).

LE CHINOIS.

Un des abus qui me frappent le plus chez vous, c'est de voir les enfans hériter des titres acquis à leurs pères par des services rendus à l'état, et de la considération attachée à ces titres. Vous élevez aux emplois un homme qui n'a d'autre mérite que de devoir la vie à un homme qui en avait. Se peut-il rien de plus déraisonnable, et comment le préjugé de la noblesse est-il établi chez des peuples aussi policés ?

LE FRANÇAIS.

Est-ce bien un préjugé ? Les Arabes ont une noblesse de chevaux. Ils se garderaient de les mésallier, persuadés qu'ils sont que le sang transmet les qualités. Or, s'ils estiment plus un cheval issu d'une race noble, parce qu'ils ont reconnu par l'expérience qu'ils étaient plus vigoureux, plus dociles que ceux issus

(1) La noblesse n'est pas héréditaire à la Chine. Les seuls descendans de Confucius jouissent de ce privilége. Mais si la noblesse du père ne passe pas aux enfans, le père est quelquefois anobli en considération des services rendus par le fils.

d'une race vulgaire, pourquoi ne ferions-nous pas de même à l'égard des hommes? Sans doute il est contre la raison et la justice de préférer un noble à un roturier par cet unique motif qu'il est noble, mais est-il déraisonnable de bien augurer d'un homme en qui l'exemple de ses ancêtres, le même sang, peuvent faire germer des sentimens généreux? Il est vrai qu'on est souvent trompé.

Au reste, ce préjugé, si c'en est un, est bien affaibli aujourd'hui en France. Si les nobles sont appelés aux emplois éminens, le prestige s'est évanoui, et les titres ne servent plus qu'à amuser la vanité de quelques seigneurs, dont c'est là ordinairement toute la distinction. Les héros qui commandaient nos glorieuses armées à l'époque la plus brillante de notre carrière militaire étaient roturiers. Presque tous ceux qui se sont le plus éminemment distingués depuis la révolution l'étaient également. Voilà ce qui a tué la noblesse. On a jugé que le mérite, les talens et la vertu étaient répandus dans toute la nation. Ainsi la considération qui s'attachait à la famille s'est presque effacée, considération qui n'était peut-être pas sans quelque fondement.

Cependant la noblesse était dans les habitudes de notre vieille monarchie; il a donc fallu exhumer des qualifications ensevelies dans l'oubli et le dédain de la nation. Mais quoique au fond une noblesse sans priviléges ne soit qu'une plaisanterie, néanmoins telle qu'elle, elle satisfait bien des gens qui se croiraient encore aux temps de la république, s'ils ne mettaient pas devant leur nom *comte* ou *marquis*.

LE CHINOIS.

Oh bien ! puisque de pareils hochets les amusent, à la bonne heure. Il vaut mieux leur donner de cela que de l'argent (1).

ENTRETIEN IV.

Charte. — Ultras, libéraux. — Liberté de la presse. — Nouveau ministère.

LE FRANÇAIS.

Le spectacle le plus instructif, le plus digne des méditations d'un philosophe, est cet espace de temps qui a rempli l'intervalle de notre monarchie. Une nation éclairée, travaillée par le désir ardent de réforme et de liberté, se précipite dans tous les excès pour conquérir ce qu'elle sent lui manquer. Elle met en œuvre, elle use une force aveugle. Elle cherche un

(1) Le Chinois peut trouver étrange une institution inconnue dans son pays. Cela n'empêche pas qu'elle ne puisse être bonne. La noblesse héréditaire contrarie l'égalité ; mais l'égalité est une chimère, tout le monde le sait. Fût-elle possible, elle serait loin d'être utile. Ce n'est que le désir de s'élever au dessus de ses égaux qui alimente l'émulation et pousse ceux qui n'auraient pas de motif plus relevé à faire de grandes choses. Mais il ne faut pas oublier que c'est dans la classe moyenne qu'on trouve le plus de lumières et de vertus : elle n'est point corrompue par les richesses ni dégradée par la pauvreté.

ordre stable et ne trouve qu'un trouble affreux ; elle court à la liberté et ne rencontre que le despotisme, tantôt sombre, terrible, sanguinaire, tantôt brillant et glorieux, mais non moins dur. Enfin les Bourbons reviennent. L'un d'eux dit aux Français : « Vous avez assassiné votre roi, qui vous aimait et qui voulait votre bonheur ; vous avez proscrit sa famille. Nous revenons après vingt-cinq ans d'absence, et nous vous apportons la liberté et une constitution digne de vous. » C'est ainsi que les Bourbons savent se venger.

Eh bien ! monsieur, que pourrez-vous penser de nous, lorsque vous saurez que cette royauté dont l'absence fit tous nos maux a été trahie, injuriée, proscrite ; lorsque cette Charte, achetée par tant de sang, l'objet de nos longs et vifs désirs, a été attaquée avec une audace qui tient de la démence ; lorsque la nation, qui ne devrait former qu'une seule voix pour bénir ses rois, qu'une seule volonté pour garder ses constitutions, s'est partagée en deux immenses clubs, dont l'un ne rêve que les abus d'autrefois, et voudrait à toute force nous ramener aux temps d'ignorance, de superstition et d'esclavage, vieux fous à qui les années ne font que blanchir les cheveux et apporter des rides ; et dont l'autre, non moins insensé et encore plus dangereux, soupirant en secret pour la république, et non détrompé par des leçons écrites dans le sang, veut saper à petit bruit les fondemens de la monarchie, et nous donner un second acte d'une horrible tragédie ?

Voilà les gens qui criaillent, qui font des journaux, et qui, sous leurs mansardes, dictent des leçons aux rois.

LE CHINOIS.

Mais n'y a-t-il pas quelques gens raisonnables qui puissent diriger l'opinion? car avec la liberté de la presse, les bonnes doctrines doivent enfin s'établir.

LE FRANÇAIS.

La liberté de la presse est trop souvent un instrument meurtrier dans les mains d'un enfant. Elle devrait faire triompher la raison! Oui, si les écrivains étaient sages, et surtout si les lecteurs étaient éclairés. Mais malheureusement, le très-grand nombre des abonnés du *Constitutionnel*, épiciers, boutiquiers, meuniers, gens très-estimables d'ailleurs, sont peu versés dans l'économie politique.

LE CHINOIS.

Fort bien! Je suppose que le journal dont vous parlez compte encore d'autres lecteurs; mais enfin, boutiquiers, soit. Croyez-vous qu'il faille une si grande étendue de génie et de connaissances pour juger d'un gouvernement? Chacun voit assez ce qui convient. Un boutiquier se garderait de confier son magasin à un commis dont il suspecterait la fidélité. Eh bien! par analogie, ne peut-il pas penser que le soin du bonheur de la France ne devrait pas être remis entre les mains de gens dont la probité, les lumières, l'amour de la patrie, la modération ne sont rien moins que prouvés? Un matelot même ne peut-il pas sourire, s'il voit à la tête de la marine un homme qui n'a jamais mis le pied dans un vaisseau ?

LE FRANÇAIS.

Notre malheur en France, c'est de juger trop vite. Un homme ne nous convient pas, ses opinions ne s'accordent pas avec les nôtres ; dès-lors c'est un sot, un mauvais citoyen. Le ministère vient de changer ; les libéraux de criailler, avant que les nouveaux ministres aient fait un pas dans la carrière. Ne serait-on pas en droit de leur dire : « Que leur reprochez-vous ? Ils n'ont encore rien fait de bien ni de mal. Quels sont leurs antécédens ? Se sont-ils fait connaître comme des citoyens dangereux ? Ont-ils excité le peuple à la révolte ? ont-ils excité le roi à opprimer le peuple ? Non, direz-vous ; mais ce sont des royalistes, des ultras. Eh bien ! est-ce un crime d'aimer le roi, de chercher à défendre ses prérogatives contre les empiétemens de la démocratie ? Si on repousse ces empiétemens, c'est pour le bien du peuple. Ce peuple, bien qu'instruit par vos doctes journaux, ne sait pas ce qu'il lui faut. De la puissance ? il en abuserait ; il la tournerait contre lui-même et contre vous aussi.

» Mais les ministres veulent détruire la Charte. Qui vous l'a dit ? Vous ont-ils fait cette confidence ?

» Je vois bien où tendent vos déclamations : c'est au ministère que vous voudriez arriver. Mais que voulez-vous ? il y a une petite difficulté ; le roi n'a pas de confiance en vous. Vous avez servi la république, vous avez servi Bonaparte, vous l'avez servi de nouveau.

Vous finiriez peut-être, il est vrai, par servir aussi le roi, car vous êtes des gens de bonne composition. Permettez-lui cependant, à votre roi constitutionnel, de préférer des gens qui ont porté les armes pour lui, qui ont exposé en tout temps leurs biens, leur vie pour le salut de la monarchie; et attendez au moins, pour condamner ces ministres, qu'ils aient agi : car, si par malheur ils faisaient la prospérité du pays, vous passeriez pour de faux prophètes, dans toute l'Europe, que vous éclairez du haut de vos greniers. »

LE CHINOIS.

Il peut y avoir du fondement dans les reproches que vous adressez à ce que vous appelez les libéraux. Cependant, et quelle que doive être l'ignorance d'un étranger qui arrive de si loin, j'en ai assez appris pour pouvoir vous faire quelques observations.

Le ministère peut faire le bien du pays, dites-vous; cela n'est pas absolument impossible. Mais les actions découlent des doctrines; or celles professées par le nouveau ministère sont excessivement dangereuses. Confieriez-vous la garde d'un troupeau à un tigre altéré de sang? Or vos constitutions sont entre les mains de gens qui les abhorrent. Vous parlez des antécédens. L'un de vos ministres aurait envoyé à l'échafaud, de grande gaîté de cœur, tous ceux qui n'avaient pas suivi la même carrière politique que lui; l'autre a refusé de prêter serment à la Charte; l'autre a trahi ses drapeaux par trois fois. Ce qu'on peut faire de mieux à la louange des autres, c'est de n'en rien dire. De bonne foi, ces gens-là ne sont pas rassurans.

Chez nous le gouvernement est absolu ; mais quoique privés d'une Charte et de journaux (1), nous ne laissons pas que de dénoncer hardiment à l'empereur les mandarins qui foulent le peuple ; et le peuple est meilleur juge des ministres que le souverain, puisqu'il ressent les effets d'une administration bonne ou mauvaise. L'empereur fait justice à nos plaintes, et de bons coups de bâton apprennent aux mandarins dont on a à se plaindre que le peuple de la Chine compte pour quelque chose dans l'empire. Que si on a bien des raisons de mal augurer de la capacité ou des bonnes intentions d'un mandarin, nous pensons à la Chine qu'il est prudent d'en instruire l'empereur, attendu qu'il vaut mieux prévenir que punir, et qu'il ne serait pas conséquent de laisser ravager une province pour se ménager le droit de faire bâtonner le ravageur.

Je ne dis pas autre chose. Les journaux que vous appelez *les Débats* et *le Courrier* en disent bien assez ; mais je conclus, d'après tout ce que je vois et tout ce que j'entends, qu'il est convenable de crier au feu avant que l'incendie ait consumé l'édifice.

____

(1) Il s'imprime à Pékin une Gazette officielle sous l'influence du gouvernement.

ENTRETIEN V.

Littérature actuelle. — Romantisme. — Morceaux romantiques.

LE CHINOIS.

Monsieur, en passant hier au Palais-Royal, un libraire m'a tiré par la manche et m'a proposé d'acheter des brochures politiques : c'étaient des écrits contre vos ministres. Il m'assura qu'ils leur avaient porté un coup dont ils ne se relèveraient jamais. Je lui dis que j'étais fatigué de politique. Il m'offrit alors de la poésie ; j'achetai un livre intitulé *les Orientales*. Je suis de l'Orient, comme vous savez ; et je dois avouer que nos poètes n'écrivent pas dans ce goût. Ils emploient, il est vrai, des images brillantes ; mais ils tàchent aussi d'être clairs et naturels (1). Il me semble que vos vieux auteurs se piquaient également de ce mérite ; mais tout est de mode en France, m'avez-vous dit ? Est-ce que la mode est venue d'être obscur et recherché ?

LE FRANÇAIS.

Notre littérature, il faut le dire, est dans un état déplorable ; elle ne manque pas seulement de génie, mais de goût, de sens, de conscience. Chaque jour

(1) Cela est vrai de la littérature chinoise.

l'avidité du gain, la manie d'écrire, le *scribendi cacoethes*, comme dit Juvénal, la faim, nous inondent de productions plus ou moins détestables. Un agent de la police décrit, en style de corps de-garde, les hauts faits de son administration; il conduit ses lecteurs dans les bagnes, dans les prisons, dans les cabarets, dans les mauvais lieux. Son ouvrage est dévoré par tout le monde; on le trouve sur la toilette de nos dames. Un écrivain se plaît à peindre les angoisses d'un malheureux qu'on mène à l'échafaud. Un autre croit charmer ses lecteurs par le récit de la mort d'un âne et le supplice d'une belle fille. La moitié de son ouvrage est du plat ridicule, l'autre moitié est d'une horreur dégoûtante. Voilà notre littérature! ô siècle de Fénelon et de Jean-Jacques!

Autrefois, un ouvrage coûtait du temps à un écrivain; il avait la pudeur de ne pas offrir à son lecteur les rêves décousus de son imagination déréglée, ou des compilations faites à la hâte sans choix et sans examen : il n'en est pas de même aujourd'hui; on imprime, on imprime, on imprime. L'*Enéide* a coûté onze ans de travail à Virgile; mais, dans cet espace de temps, M. Victor Hugo enrichirait notre littérature d'onze volumes de poésies onze fois aussi gros que l'*Enéide*. Il a fallu vingt ans à Montesquieu pour achever son *Esprit des Lois;* il faut bien moins de vingt jours à M. de Pradt pour composer ses immortelles brochures. Si on ne faisait pas paraître un ouvrage nouveau tous les trois mois, on se croirait oublié, et on aurait raison de le croire.

On s'est ennuyé d'écrire comme les maîtres de la langue. L'absence du talent et la fureur de se distinguer ont enfanté ce qu'on appelle le genre romantique.

Vous dire ce que c'est que ce genre est assez difficile ; il le serait moins de dire ce qu'il n'est pas. Cependant, les rapprochemens bizarres, forcés, les images incohérentes, l'ampoulé et le trivial en sont l'âme. Un romantique doit posséder une imagination déréglée, et regarder Corneille, Racine et Boileau comme de très-petits génies, attendu qu'*ils n'ont pas dépassé les limites du champ du possible, et qu'ils n'ont pas fait fumer un lac glacé comme une fournaise.*

Ainsi quelques esprits ont altéré l'image éternelle du beau ; incapables de le produire, ils ont imaginé d'en créer un autre. Ils ont outré la nature et ne l'ont pas imitée ; ils nous ont présenté des figures fantastiques, au lieu de nous offrir des beautés régulières et naturelles.

Il est plus facile que vous ne pensez de réussir dans ce style, par la raison qu'il est plus facile de dépasser le but que de le frapper. Voici deux morceaux dans ce goût, d'un de mes amis, qui ne manque pas de quelque imagination, et qui n'écrirait peut-être pas trop mal, s'il ne voulait pas trop bien écrire. Le premier est une lettre d'un amant à sa maîtresse, qui lui demandait quel serait le plus beau jour de sa vie. Un classique aurait peut-être répondu tout bêtement : Le jour qui éclairera notre union.

Mais cette réponse ne valait rien pour un romantique. Voici la sienne :

« Le plus beau jour de sa vie!... Ah! si, succombant enfin à ses longs chagrins, il la voyait auprès de son lit; si elle lui disait : Oh! je t'aimai jusqu'à ton dernier soupir, et cet amour jeta quelque charme sur ma vie. Maintenant, jouis de cette paix que le monde t'a déniée et que la tombe t'accorde : paix et repos.... Son âme, prête à rompre le fil délié qui la tenait à la vie, s'arrêterait un moment au bruit de ces douces paroles, puis s'en irait joyeuse. Alors, son amie placerait sa main sur ce cœur qui n'est plus, et elle s'écrierait : Oh! il est mort, car le toucher de ma main ne le fait plus palpiter! — Et le plus beau jour de sa vie aurait été celui qui aurait fini tous ses jours.

» Vois les révolutions de la nature... L'arbre perd son feuillage et bientôt se pare d'un feuillage nouveau. Le ruisseau, enchaîné par le souffle glacé des aquilons, coule encore entre des rives fleuries. Hélas! il n'y eut pour lui qu'un long et pénible hiver. Comme le torrent qui descend de la montagne, il roulait de roche en roche et brûlait de perdre les flots tumultueux de son existence dans l'immensité de l'océan.

» Avide d'émotions et de bonheur, il aurait voulu rassembler en un même point les émotions ses plus chères, arrêter chez lui le bonheur quelques heures, et dépenser sa vie dans un jour. »

L'autre morceau est un dialogue entre le diable et un romantique dégoûté de] tout, attaqué du *spleen.*

LE DIABLE.

« Ose sortir de cet obscur réduit, tombeau de l'âme et du corps. Viens respirer un air frais, et secouant la poussière de tes bouquins, goûter les joies du monde. L'Opéra, les bals, les festins t'attendent. Que tardes-tu?

LE ROMANTIQUE.

» Ah! quels charmes assez puissans, quelle force humaine ou surhumaine pourrait m'arracher au tourment de mes pensers? dans quel point du chemin de la vie pourrais-je m'arrêter avec complaisance? Dieu ou diable, ton pouvoir n'est pas assez grand pour me faire aimer le plaisir.

LE DIABLE.

» Pauvre fou que tu es, ignores-tu mon pouvoir? La beauté qui enchante tes oreilles et ton âme, sais-tu bien que je puis l'amener dans tes bras?

LE ROMANTIQUE.

» Dans mes bras!.... Ah! poursuivi sans cesse par cette voix qui me crie : *Tout va finir, et bientôt une éternité inconnue va t'engloutir à toujours,* quelle saveur peuvent m'offrir les voluptés? Le malheureux qui marche à l'échafaud jouit-il de l'aspect d'un beau jour? Ce visage aux traits si réguliers, à la physionomie si touchante, aux yeux si tendres, sera demain troué des vers.

LE DIABLE.

»Ta philosophie est trop noire... Eh quoi! doit-on s'attrister d'un jour serein, parce qu'un orage le suivra?

LE ROMANTIQUE.

»Montre-moi l'insensé qui se promène charmé au milieu des fleurs, sachant qu'à tout moment la terre peut s'ouvrir et le dévorer; le nouveau Damoclès qui goûte les douceurs du festin, menacé par la terrible épée.

»L'ivresse est douce, mais la suite en est trop amère! Donne-moi donc un plaisir pur, long, qui dure seulement une heure, et qui ne soit que plaisir? Et si l'idée qu'il peut finir, durât-il un an, en durât-il vingt, me trouble et me tourmente, dis-moi donc, où mon triste cœur peut-il trouver de volupté?

»Tu parles d'amour! Qui me garantira la sincérité des sermens de ma maîtresse? qui me dira que dans mes bras elle ne soupire pas après les caresses d'un autre, et que son imagination ne le met pas à ma place?

»Oui, la nature ne m'offre plus qu'une série monotone de chagrins vagues. Le bonheur, ce grand problème de l'existence, il ne m'est plus donné de le résoudre. Mon âme, séchée de langueur, se réfugie dans le passé. Elle sourit à l'idée des jeux de mon enfance, au souvenir du jardin où je courus à cheval sur la canne de mon grand-père; mais, ramenée vers le présent, elle ne sent plus que le poids importun d'une vie dont le dernier espoir est le néant. »

Cela et les *Orientales* peuvent vous donner une idée du style romantique que quelques-uns ont mis à la mode. Mais comme il est de la destinée de la mode de ne pas durer long-temps, il faut espérer que l'engouement du genre romantique se dissipera peu à peu. Incessamment on en reviendra à lire le *Télémaque*, *Paul et Virginie*, que les romans de MM. d'Arlincourt et Victor Hugo n'auront pas complétement fait oublier.

ENTRETIEN VI.

Suite du précédent. — Alfred et Louise, histoire.

LE CHINOIS.

Monsieur, je suis allé voir l'auteur des deux morceaux romantiques que vous m'avez lus. Je lui ai fait quelques complimens, chose obligée avec les auteurs. Il m'a dit que son projet était de renoncer au romantisme et d'écrire naturellement, comme on écrivait sous Louis XIV. Il vient de composer une petite historiette assez touchante et fort simple, dont il m'a donné une copie, et que je préfère au dialogue du diable et à la lettre de cet amant vaporeux. La voici :

ALFRED ET LOUISE.

« Alfred et Louise s'aimaient tendrement ; ils se

l'étaient dit mille fois et se le répétaient tous les jours, chose assez inutile ; ils se juraient de s'aimer toujours, chose encore plus inutile.

» Alfred faisait partie de la *matière conscriptive*, et le grand consommateur d'hommes lui avait délivré un brevet de mort aux champs de la Russie. Il allait quitter, dirai-je sa maîtresse ? non, son amie ; ce mot dit ce qu'on veut, il dit tout, il ne dit rien. Sa peine était grande, mais moins, peut-être, que celle de Louise, car la préférence de l'honneur au sentiment laisse toujours une sévère volupté. Alfred entrevoyait la croix d'honneur, une compagnie.... mais Louise ne voyait que la douleur de le quitter ; elle ne concevait pas qu'un morceau de ruban fût une puissance plus magique que l'amour.

» Enfin, la veille du jour fatal était arrivée, une journée de printemps, fraîche, brillante ; les bois étaient parés d'un naissant feuillage ; le rossignol chantait, les tourterelles roucoulaient. Un lieu solitaire, comme il en faut à l'amour, sur le bord d'un petit ruisseau qui coulait entre des mélilots et des marguerites, était le rendez-vous. Louise y arriva la première ; elle s'assit sur le bord du ruisseau, appuya son coude sur son genou, sa tête sur sa main, et se mit à penser. Un vent frais et léger qui se jouait dans ses beaux cheveux noirs, et dont le doux frémissement se prolongeait dans la forêt, le petit bruit de l'eau coulant sur de minces cailloux et du sable fin, cette nature calme contrastait avec le trouble de ses pensers. Elle le sentit, et une larme suivie de mille autres coula sur ses joues. Tout à coup un uniforme se réfléchit dans le ruisseau ; Louise tressaillit, leva les yeux et reconnut Alfred.

» Les avez-vous connus, lecteur, ces momens qui précèdent une séparation dont on ne prévoit pas la fin. On s'adore, on se voit, et l'on va se quitter, peut-être pour toujours ! Il n'y a point de philosophie qui tienne à cela. S'il y en a, la philosophie est trop forte ou l'amour trop faible : ces amères délices ne peuvent être conçues que de celui qui les a connues.

» Alfred dit à Louise : « Je pars ; l'honneur, la patrie peuvent seuls m'arracher à vous. Périrai-je dans les combats ? reviendrai-je pour t'aimer ? l'un et l'autre est possible. Mais si je meurs, Louise sera ma dernière pensée, son nom le dernier mot de ma bouche. »

» Louise lui répondit : « O mon ami ! je l'espère, les balles des Russes épargneront mon Alfred ; tu reviendras pour m'aimer ! je le crois : on est si enclin à croire ce qui fait tant de plaisir ! Tiens, mon ami, prends ce ruban rouge, image de l'ardeur de mes sentimens pour toi ; tu y suspendras la croix d'honneur que tu gagneras et que tu mériteras. Ainsi s'uniront dans ta pensée les deux objets les plus chers de ton affection ; et quand tu songeras à ta valeur, tu songeras à ta Louise, inconsolable, à six cents lieues de toi. »

» Alfred ne répliqua pas ; il prit le ruban et se jeta dans les bras de son amie ; leurs larmes se confondirent : ils pleurèrent long-temps...... C'est aussi un plaisir que de pleurer.

» Prêts à se quitter, ils se promirent amour et fidélité. A défaut de témoins, Louise dit à une tourterelle, plus heureuse qu'elle : « Oiseau de la fidélité, je te prends à témoin de celle que je voue à Alfred ; elle sera exacte comme la tienne, et puisses-tu, tendre oiseau, être témoin de notre réunion et de notre joie, comme tu l'es de notre séparation et de nos regrets. »

» Alfred partit. Le matin de son départ, son fidèle chien couchant, Azor, courut selon sa coutume dans sa chambre. O surprise! il n'entend plus la voix de son maître, qui, le reconnaissant au bruit de ses pas, l'appelait toujours auprès de son lit. Il cherche, il flaire, va, revient, gémit ; il court toute la maison et en vain. Alors il sort, et guidé par l'odorat, suit la piste et retrouve son maître à trois lieues : celui-ci ne voulut pas le renvoyer.

» Alfred fit ce qu'on devait attendre d'un jeune homme inspiré par la gloire et l'amour. Mais enfin il tomba dans la mêlée, avec des milliers de braves de cette invincible armée que tous les élémens conjurés purent seuls vaincre.

» Louise avait pleuré beaucoup le premier jour. Peu à peu ses larmes s'étaient séchées ; les distractions, l'absence si fatale aux amans, avaient sinon effacé, du moins affaibli le souvenir de son ancien ami. Un jour en parcourant un journal, y cherchant un article de modes, le nom d'Alfred arrêta ses yeux : c'était la nouvelle de sa mort. Son sein avait encore quelques soupirs à lui donner, mais c'étaient les soupirs de l'amour expirant. Elle versa quelques larmes, et n'y pensa plus.

» Il y avait un jeune homme qui avait de belles dents, la taille bien prise et une extrême fatuité. C'était toujours le mieux mis des *fashionnables* du jour. Que de séductions! Louise lui plut et il en fut aimé : leur mariage est arrêté.

» Le lendemain devait voir accomplir les vœux de ces jeunes amans. Le soir, en se promenant tous les deux, ils arrivèrent par hasard sur les bords de ce même ruisseau où nous avons déjà vu Louise. Quel souvenir! mais quel oubli!

» Louise, toujours tendre, l'assura que sa femme serait toujours son amante. A ces mots, une tourte-relle, cachée dans le feuillage, fit entendre un cri et s'envola.

» En rentrant au salon, ils y trouvèrent un étran-ger, jeune, décoré. Il s'approcha de Louise, détacha le ruban qui tenait sa décoration, le lui donna, et la saluant profondément, disparut. Je n'ai pas besoin de dire qui était cet étranger. C'était Alfred, Alfred qu'on avait cru mort, et qui était revenu à travers mille dangers : avec lui était revenu son compagnon inséparable, son fidèle ami, Azor, qui avait partagé ses fatigues et ses dangers, et qui avait mordu plus d'un chien de cosaque; car tout était brave dans la grande armée.

» Louise se maria. Son freluquet eut bientôt dissipé toute sa fortune avec les chevaux et les dames de l'Opéra. Il fit une chute de cheval au bois de Boulogne, et mourut. Louise ne possédait plus qu'un petit bien, assez considérable pour la faire vivre honorablement, mais criblé d'hypothèques; il fut saisi et vendu en justice. Ce fut un officier qui l'acheta : c'était Alfred. Il dit à Louise : « *Je l'ai acquis, mais c'est pour vous le rendre. Adieu, vivez heureuse, vous m'aurez trop récompensé.* » Louise voulut répondre, et ne trouva pas de paroles; tout son cœur avait été réveillé. Elle avait aimé Alfred, et n'avait eu qu'un caprice pour son mari. Elle sentait en ce moment la différence de l'amour au caprice.

» Alfred continua de servir; l'armée n'eut pas de plus brave officier. L'honneur et l'humanité avaient été sa devise : il lui fut fidèle. Il mourut à Waterloo, dans les rangs de cette garde qui ne savait pas se rendre.

» Louise lui a élevé un monument chez elle; et ce serait calomnier sa douleur si on disait qu'elle n'est pas égale à la bravoure d'Alfred. »

LE FRANÇAIS.

Eh bien! on sait au moins ce que l'auteur a voulu dire. C'est toujours quelque chose par le temps qui court, comme aussi de savoir ce qu'on fait.

LE CHINOIS.

Dieu veuille que vos ministres le sachent!

TABLE.